L'AGRICULTURE

ET

LA POLITIQUE

PAR

M. le comte DE FALLOUX

DE L'ACADÉMIE FRANÇAISE

DEUXIÈME ÉDITION

PARIS

CHARLES DOUNIOL, LIBRAIRE-ÉDITEUR

29, rue de Tournon.

1866

PARIS. — IMP. VICTOR GOUPY, RUE GARANCIÈRE, 5.

L'AGRICULTURE ET LA POLITIQUE

I

On ne sera pas étonné, je l'espère, du double titre donné à ce travail. Tous les grands intérêts d'une nation sont étroitement unis et solidaires ; on n'en blesse jamais un isolément, ni dans l'ordre matériel, ni dans l'ordre moral, et le mot célèbre du baron Louis : « Faites-moi de bonne politique, je vous ferai de bonnes finances, » demeure universellement et perpétuellement vrai. Ce n'est donc ni pour un vain plaisir ni par une secrète amertume que je veux entremêler ici et tenir constamment en regard les souffrances de l'agriculture et les griefs de la politique. C'est la nature même des choses qui crée ce rapprochement, et il faudrait bien plus d'efforts pour s'y soustraire que pour s'y livrer.

Je ne me placerai pas non plus à un point de vue rétrograde. Les esprits sensés ne demandent et ne souhaitent plus le retour d'aucun ancien régime ; ils croient fermement, sincèrement, à l'avenir de toutes les libertés : de la liberté religieuse comme de la liberté politique, de la liberté des échanges commerciaux comme de la liberté des idées. Si j'en juge par toutes les délibérations agricoles qui me sont connues, on ne réclame pas plus le rétablissement de l'échelle mobile qu'on ne réclamerait la résurrection des parlements ou des intendances provinciales, non que ces institutions fussent mauvaises en elles-mêmes, mais parce qu'elles ne sont plus appropriées à notre temps. Ce n'est donc pas l'aspiration vers le libre échange qui sera combattue ou condamnée ici ; ce n'est même pas son introduction par l'emploi absolu et arbitraire de l'autorité, quoique je le blâme toujours. Il y a des cas où un gouvernement, après mûr examen, peut ne pas se laisser trop longtemps ou trop docilement entraver par l'égoïsme ou l'aveuglement des intérêts privés. Si Louis XVI, qui avait si bien compris Turgot, l'avait soutenu contre la résistance des traditions surannées, et les avait sacrifiées à son ministre plutôt que de se laisser intimider par des clameurs, la Révolution peut-être eût été conjurée, et la France aurait devancé d'un siècle des prospérités et des sécurités qu'elle ne connaît pas même aujourd'hui[1]. Mais si Louis XVI eût mis tout son pouvoir au service des réformes économiques, il eût dû y mettre aussi toute sa prévoyance, toute sa sollicitude, et, à côté de la moindre destruction, préparer ou assurer un équivalent reparateur. On peut donc accepter en principe le libre échange; on peut même, si l'on partage la conviction des libres échangistes, accorder un bill d'indemnité aux procédés brusques et sommaires à l'aide desquels le libre échange nous a été imposé. Mais ce qui donne lieu aux plus justes doléances, c'est qu'après avoir fait ces deux énormes concessions, on cherche vainement autour de soi les compensations, les adoucissements, les mesures transitoires qui, dans l'intérêt même de la liberté du commerce, auraient dû accompagner son intronisation parmi nous.

Comment tant de légèreté ou tant de dédain a-t-il présidé à l'accomplissement de mesures d'une si grande portée? Déjà je retrouve ici la politique, et c'est la politique seule qui peut nous donner la réponse.

Le gouvernement a traité l'agriculture comme il a pris malheurensement l'habitude de traiter beaucoup d'affaires d'une autre nature. Aujourd'hui on n'aime pas assez le contrôle des corps réguliers et permanents; on ne recherche pas assez le contact et le conseil des hommes à la fois compétents et indépendants. S'il s'agit de l'Allemagne et du Danemark, on s'irrite de la parole de M. Thiers et on étouffe la voix de M. Larrabure. Quand une discussion devient trop pressante, quand une argumentation embarrasse, on aime à s'en délivrer en faisant jouer dans le lointain la perspective d'un plébiscite et d'un appel au suffrage universel, qui, en beaucoup

[1] Voir les papiers inédits de Turgot récemment publiés, et un très-curieux travail de M. le baron de Larcy. (*Correspondant* du 25 septembre.)

de matières, prononcerait à peu près au hasard. Le général Bonaparte disait, à son entrée en Italie : « J'estime plus l'opinion d'un Brignole que celle de cent bateliers génois. » Aujourd'hui, d'un bout de l'Europe à l'autre, on parle et on agit en sens inverse ; on trouve beaucoup plus habile, et peut-être beaucoup plus commode, de consulter et d'écouter les bateliers. C'est ainsi qu'on peut s'expliquer la conduite singulière qui a été tenue depuis quinze ans à l'égard de l'agriculture. Dès le début du second Empire, on constitua, aux vifs applaudissements du public agricole, un grand conseil de l'agriculture ; les membres de ce grand conseil furent généralement bien choisis. Il n'a manqué à cette excellente conception qu'une seule chose : la vie. Jamais les hommes sages et éclairés que l'on venait de former en corps délibérant n'ont été admis à délibérer. Quand le Corps législatif a essayé de revendiquer quelques-unes des attributions tombées en si prompte désuétude, le gouvernement en témoigna de l'humeur, et il a préféré chercher une autre juridiction, convoquant des assises extraordinaires sous le nom d'enquête agricole.

Assurément, mieux valait cela que rien ; mieux valait une consultation qui risquait de se perdre par son étendue même qu'un froid refus ou une impitoyable surdité. Mais enfin l'enquête agricole n'a été résolue qu'à la suite d'innombrables doléances ; n'aurait-il pas mieux valu conjurer ces plaintes ? Elle va constater des fautes graves et des souffrances douloureuses ; n'aurait-il pas mieux valu ne pas commettre ces fautes et prévenir la ruine momentanée d'une partie de la fortune publique ? Il y a donc là un vice d'habitude, on serait tenté de dire un vice de tempérament ; trop d'insouciance quand il s'agit d'appeler la lumière, et plus d'apparence que de réalité dans la façon d'interroger quand, tardivement et de guerre lasse, on interroge. Il n'est pas jusqu'au Questionnaire servant de texte à l'enquête agricole auquel on ne puisse adresser le même reproche ; cinq ou six questions tout au plus sont à débattre. Pour obtenir des réponses claires, précises, se résumant aisément, aboutissant naturellement à un ensemble coordonné, intelligible et révélant avec un caractère incontestable la pensée des agriculteurs, il fallait un questionnaire concis, limité, ne se prêtant pas plus aux divagations qu'aux malentendus. Est-ce là ce qu'on a fait ? Non. Je viens de voir des hommes fort éclairés, fort dévoués à l'agriculture, appartenant aux opinions les plus diverses, quelques-uns même n'appartenant à aucune ; j'ai vu ces hommes aux prises avec le Questionnaire, j'ai été témoin de leurs anxiétés et presque de leurs angoisses, j'ai vu la sueur gagner leur front quand ils travaillaient à bien saisir le sens des cent soixante et une questions qu'on leur donnait à résoudre. Les rédacteurs du Questionnaire ne me sont pas connus. Je suis fort loin de les accuser de perfidie et je crois qu'ils ont cédé purement et simplement, eux qui nous accusent de routine, à la routine bureaucratique ; mais enfin, si quelqu'un avait eu l'arrière-pensée, le parti pris de faire avorter les réponses par la conplication et par l'abondance des questions et de noyer les gens, sous prétexte de les tirer de l'eau, je défierais ce quelqu'un-là de trouver un procédé plus sûr pour arriver à son but que les soixante-dixneuf pages in-quarto du Questionnaire, premier élément et point de départ de l'enquête agricole. La statistique y est à chaque instant confondue avec l'agriculture, et le gouvernement nous demande dans une foule de cas ce que lui seul pourrait nous apprendre. Qui de nous sait aussi bien que lui quel est l'état hypothécaire de la propriété en France, puisque lui seul a, d'un bout de la France à l'autre, tous les bureaux et tous les registres des hypothèques sous la main ? A quoi bon nous interroger sur les tarifs de transports par canaux ou par chemins de fer, quand lui seul peut vérifier tous les tarifs, tous les cahiers de charges, tous les tableaux que le simple cultivateur et même le riche propriétaire ne connaissent pas, ou ne connaissent que dans des rapports très-restreints et dans une sphère très-étroite.

La première réponse à l'enquête doit donc, ce me semble,

être celle-ci : Nous regrettons que l'agriculture n'ait pas une représentation normale, permanente et compétente ; nous regretterions qu'elle n'eût d'autre avenir que des enquêtes à longs intervalles provoquées seulement par le mal accompli, et dirigées, même involontairement, de façon à les faire avorter dans la multiplicité et la confusion des réponses.

II.

Il y a un principe qu'il faut admettre au bénéfice du ministre de l'agriculture : c'est qu'il y a des lois générales de la nature sur lesquelles il ne peut absolument rien et dont il serait puéril de le rendre responsable, comme le font quelquefois des masses injustement exaspérées. Quelles que soient donc l'activité et la vigilance d'un gouvernement, il n'empêchera jamais certains résultats fâcheux provenant d'une disette ou d'un excès de production ; mais ce ne sont là aussi que des accidents éphémères, et, ce qu'on a le droit d'exiger, c'est qu'on ne se fonde pas sur l'exception comme si elle était la règle. Nous n'imputons pas au gouvernement la stérilité de nos épis, mais nous demandons qu'à son tour, il veuille bien ne pas nous reprocher leur fécondité ; nous demandons que toutes les mesures soient prises, que toute la législation soit combinée en vue de la prospérité et pour faire de cette prospérité notre état régulier, normal et croissant. Est-ce là notre situation ? Je ne le pense pas.

En même temps que l'on décrétait le libre échange, l'on devait savoir et l'on savait qu'on allait placer brusquement l'agriculture française en face d'une concurrence formidable. Puisqu'on l'appelait au combat, il fallait lui donner des armes, et des armes égales à celles de ses concurrents. Les orateurs officiels et les écrivains officieux parlent souvent, même à propos de l'agriculture, de la vaillance française et prétendent que l'on fait injure à la nation, quand on doute de sa supériorité partout où elle se présente. Cela est vrai, mais dans une certaine mesure, que le bon sens indique aisément et que l'on ne peut oublier sans courir de grands risques. Fait-on une injure à l'armée française quand on modèle ses instruments de combat sur ceux de l'étranger et qu'on épie soigneusement tous les perfectionnements adoptés par l'ennemi possible, afin d'en armer à la mêms heure et au même degré le fantassin, le cavalier ou l'artilleur français? En agriculture, l'arme de combat, c'est la production abondante et à bon marché. Le libre échange devait donc se présenter au pays escorté d'un certain nombre de mesures qui s'offrent d'elles-mêmes à la pensée : diminution des charges qui pèsent sur le sol, facilité de la main d'œuvre, développement des moyens de circulation. Qu'a-t-on fait dans cette voie soit avant la promulgation du libre échange, soit depuis? Rien ou trop peu, et c'est là, qu'on en soit bien convaincu, ce qui a créé tant d'hostilité contre le libre échange lui-même. On a imputé à la liberté du commerce, pensée généreuse, séduisante, des torts qui ne lui appartiennent pas en propre et que des amis plus attentifs auraient pu lui épargner. Passons donc rapidement en revue les précautions qu'on aurait dû prendre et qu'on n'a pas prises, en nous renfermant soigneusement dans la sphère où le gouvernement de la Providence n'est pour rien et où le gouvernement des hommes est pour tout.

III.

La propriété foncière, c'est-à-dire l'agriculture, porte à elle seule presque tout le poids des impôts. J'en emprunte le tableau à un journal qui n'est pas suspect d'opposition systématique, l'*Opinion nationale*. Elle dit : « Le mal est dans une législation vicieuse qui accable l'agriculture de charges exorbitantes et la livre en proie à une fiscalité ruineuse.

« Elle paie :

« 1° Les impôts de l'État ;

« 2° Les impôts départementaux qui dépassent souvent le quart de l'impôt de l'État ;

« 3° Les impôts communaux qui équivalent au quart ;

« 4° L'impôt des prestations qui est du cinquième ; l'enregistrement des baux ; le tarif exorbitant des officiers publics ; l'entretien des chemins vicinaux ; les octrois, car c'est l'agriculture qui paye l'entrée des bestiaux dans les villes. On a calculé que sur 160 millions d'octrois, l'agriculture payait 100 millions.

« Dans beaucoup de communes, les prestations ne suffisent pas pour l'entretien des chemins vicinaux ; si la commune n'a pas de ressources, on met un nouvel impôt pour combler le déficit.

« D'ailleurs, cet impôt des prestations pour l'entretien des chemins devrait être départemental, ou frapper l'habitant des villes comme l'habitant des campagnes, puisque les chemins servent aux villes comme aux campagnes.

« A toutes ces charges ajoutez les droits de mutation et de succession et vous aurez une idée de ce que le fisc prend à l'agriculture. Il faut d'ailleurs remarquer que, dans le droit de succession, on ne tient pas compte des charges qui pèsent sur la propriété. Ainsi une terre valant cent mille francs est grevée d'une hypothèque de cinquante mille francs : le fisc réclame les droits sur le taux de cent mille francs.

« Mais l'avidité du fisc ne se borne pas là ; il sait tirer parti aussi de la créance hypothécaire. Ainsi un père lègue à ses enfants la propriété de cent mille francs grevée d'un hypothèque de cinquante mille francs, et les droits de mutation portent sur cent mille. En même temps, le créancier de cinquante mille francs lègue cette créance à son fils ; les droits de mutation frappent cette créance. De sorte que le fisc perçoit les droits de mutation sur cent cinquante mille francs pour une propriété qui n'en vaut que cent mille.

« Supposez maintenant cette propriété de cent mille francs grevée d'une hypothèque de quatre-vingt-dix mille francs et transmise à des collatéraux ; les dix mille francs de passif restant ne suffisent pas à satisfaire le trésor[1]. »

---

[1] *Opinion nationale* du vendredi 19 octobre 1866. — Dans une remarquable brochure intitulée : *Une déposition à l'enquête agricole*, par le vicomte de Meaux, je lis : « Le taux exorbitant de nos droits de mutation

D'autres aperçus du même genre pourraient être signalés à l'attention publique. Après une longue attente et d'incessantes pétitions, le sel, objet de première nécessité pour l'amendement de la terre comme pour le ménage du pauvre, avait été dégrevé. L'impôt sur le sel a été rétabli et reste toujours dans des proportions exorbitantes. La facilité des échanges entre terrains contigus est aussi d'un intérêt quotidien pour l'agriculture. Des parcelles de terre appartenant à des propriétaires différents créent des difficultés d'exploitation, exigent des clôtures, des fossés qui demeurent autant de terrains improductifs. Une loi de 1824 dégrevait sensiblement des droits de mutation tout échange de terrains contigus ; cette loi a été abolie, et le fisc a repris ses rigueurs. Les maisons qui n'ont que cinq ouvertures supportent un impôt de portes et fenêtres très-modéré ; on a souvent demandé que cette faveur s'étendît aux maisons de ferme ayant dix ouvertures. Pourquoi dans l'enseignement primaire ne pas donner aux enfants quelques notions simples et claires sur l'agriculture ? Pourquoi plus de liberté ne serait-elle pas laissée au père de famille pour retenir ses enfants près de lui durant les travaux de la récolte ? Bien longue serait la liste des mesures à prendre, peu importantes au premier coup d'œil, mais dont l'ensemble formerait dans une législation sympathique aux campagnes une suite d'améliorations pratiques et efficaces. Le remaniement des impôts, leur diminution, leur meilleure application, ce sont là des questions qui impliquent éminemment la responsabilité du pouvoir, et c'est là un des premiers points sur lesquels il importe d'insister.

En agriculture comme en politique, il peut y avoir deux motifs de doléances : la loi elle-même ou la façon dont on

n'est autre chose qu'une lutte barbare entre l'exaction et la fraude, il provoque manifestement la fraude, et ne peut s'excuser qu'en la supposant toujours. Le trésor ne perdrait rien à un abaissement considérable de ces droits. il arriverait ce qui est arrivé à la suite de la réforme postale, ce qui arrive toutes les fois que le législateur abaisse des droits excessifs pesant sur des actes à peu près inévitables. La fraude diminuerait peu à peu, à mesure que la sincérité des déclarations deviendrait moins onéreuse. »

l'applique. En politique, une fraction notable de l'opposition critiquait radicalement la constitution de 1852. Un sénatus-consulte vient d'interdire de discuter la constitution. Beaucoup d'hommes parlementaires déplorent cette interdiction, convaincus qu'on n'arriverait jamais à rien perfectionner si l'on était mis d'avance dans l'impossibilité de rien critiquer. Mais enfin, le sénatus-consulte une fois promulgué, il aura force de loi jusqu'à sénatus-consulte nouveau. D'ici là l'opposition ne se trouvera pas réduite au silence. Elle se renfermera plus étroitement dans le cadre légal de la constitution, mais elle dira : La constitution étant donnée, vous en abusez ou vous en usez mal ; vous n'appliquez pas avec sincérité les dispositions libérales qui peuvent s'y trouver ; vous exagérez les dispositions restrictives ; vous faussez les ressorts au risque de les briser. L'opposition passant en revue la politique étrangère, dira : Vous avez eu raison d'aller en Orient, mais il fallait y laisser d'autres traces de votre passage. Vous avez eu raison d'invoquer la politique séculaire de la France en Italie, mais vous avez eu tort de ne pas la suivre. Il était bon de combattre au delà des Alpes la prépondérance autrichienne, mais il ne fallait pas pour cela sacrifier les intérêts de la France elle-même et créer de vos propres mains une situation beaucoup plus périlleuse pour nous que la situation antérieure. Vous avez eu raison de ne pas laisser relever à Vienne l'empire d'Allemagne, à supposer que cette prétention y existât, mais il ne fallait pas accorder à Berlin ce que vous refusiez à Vienne, en rapprochant, c'est-à-dire en doublant le péril.

Je souhaiterais que les agriculteurs tinssent, proportions gardées, un langage analogue : Le libre échange, diraient-ils, il résulte désormais de traités internationaux, il est un fait accompli et légal. Vous avez donc raison de nous préparer et de nous conduire à l'acceptation de la plus large concurrence ; c'est là le progrès naturel et légitime du temps. On a d'abord détruit les entraves de province à province, on a multiplié ensuite les rapports de royaume à royaume. La

vapeur a été merveilleusement utilisée; les chemins de fer
en sont nés. Aujourd'hui les cinq parties du monde se visitent
et s'exploitent plus rapidement, plus fructueusement que ne
se visitaient et ne s'exploitaient il y a cent ans les contrées
les plus rapprochées. Vous ne pouvez donc trop nous aver-
tir, vous, nos guides et nos maîtres, vous ne pouvez trop
nous stimuler dans cette voie; mais vous avez tort quand,
en nous annonçant et en nous imposant toutes les libertés
commerciales, vous maintenez et souvent vous aggravez
toutes les anciennes charges fiscales. Que le blé français
lutte sur le marché européen avec le blé d'Odessa et le blé
de New-York, soit; nous nous chargeons de la lutte pour
ce qui regarde la qualité du blé; mais vous, hommes du
pouvoir, informez-vous de ce que coûte sa production en
Russie et en Amérique, et ne nous demandez par les charges
publiques que ce qui nous permettra de produire au même
taux. Ainsi, votre système admis, ce que nous vous repro-
chons, c'est la façon incomplète et inconséquente dont vous
le pratiquez. La liberté, la concurrence, nous l'acceptons
parfaitement, mais avec l'économie dans les finances et l'al-
légement dans les impôts.

IV

Une autre condition principale de la production et, par conséquent, de la prospérité agricole, c'est la faculté de se procurer les bras nécessaires et en temps utile, c'est l'équilibre
bien gardé entre le prix de ces bras et la somme de leur travail. L'attention du gouvernement doit donc s'appliquer à ce
que cet équilibre ne soit pas rompu, et il exerce dans cette
question, comme dans beaucoup d'autres, une influence dé-
cisive. Là aussi, comme ailleurs, il y a un mouvement général des faits, une sorte de courant du siècle que les uns
appellent purement et simplement le progrès, que les autres
nomment une loi providentielle, mais qui, en tout cas, forme
un milieu que chacun de nous subit comme on subit l'état de
l'atmosphère. Ainsi, les conditions actuelles de la société

moderne tendent et tendront chaque jour davantage à l'agglomération des ouvriers dans les villes. L'égalité devant la loi amène naturellement l'égalité dans les habitudes. L'uniformité relative des classes a pour corollaire l'uniformité relative des logements et des vêtements. Ainsi, les ouvriers employés à la décoration de nos demeures, les ouvriers employés à l'élégance de nos vêtements, iront en se multipliant de jour en jour, et ils ne peuvent se multiplier qu'au détriment des travaux agricoles. L'amélioration du vêtement et du logement est un bienfait, et, quand elle est renfermée dans une juste mesure, un gage de bien-être. L'effort du gouvernement ne doit donc pas tendre à contrarier le mouvement naturel et à perpétuer les masures insalubres ou les haillons sous prétexte de protéger les saines mœurs; mais il ne doit pas prendre non plus à sa charge un mouvement factice, une accélération fiévreuse, et ruiner la campagne tout en corrompant la ville. Le valet de ferme est aujourd'hui aussi difficile à trouver qu'à satisfaire, et j'emprunte le tableau suivant à un ancien représentant de la Lorraine, qui constate dans l'Est ce que je vois tous les jours dans l'Ouest: « Le domestique qui recevait autrefois 150 francs, trouve aujourd'hui que ce n'est pas assez de 300 ; il buvait du vin deux fois par jour, et aujourd'hui il en exige quatre fois ; le vin coûtait alors 10 francs l'hectolitre, et il coûte aujourd'hui 25 francs. Dans ce temps-là on faisait un traité de louage avec un domestique, et on était à peu près certain de le conserver toute l'année ; aujourd'hui on fait encore des traités, mais le domestique s'en moque et son maître n'est jamais certain de le conserver trois jours. Le maître a bien pour lui le droit, mais le nouveau *droit* se réduit au *fait*[1]. »

Toute société européenne, et par conséquent tout gouvernement européen, a deux grandes voies toutes tracées de moralisation et d'ordre : la religion et l'agriculture. Quand une société ou un gouvernement ferme ces deux voies ou

[1] Discours prononcé par M. Paulin Gillon, président de la Société d'agriculture de Bar-le-Duc.

s'en éloigne, il faut nécessairement qu'il soit dominé par quelque intérêt mal compris ou par quelque système mal conçu. C'est, je le crains, ce qui est arrivé depuis quelques années, à la direction de nos travaux publics. Des hommes politiques et des publicistes ont cru, à tort ou à raison, que les influences religieuses et les influences bourgeoises n'étaient pas suffisamment à leur discrétion, et que leur vrai point d'appui existait surtout dans les classes populaires. De là, une préoccupation hâtive et irréfléchie de la captation des masses; de là un essor soudain et immodéré des travaux particulièrement agréables à la classe ouvrière, sans s'apercevoir assez qu'en caressant les villes on courait le risque de s'aliéner tôt ou tard les campagnes. Ajoutez à cela que l'ouvrier, par le fait même des excitations de toute nature qu'il rencontre dans la ville, échappe très-vite à la main du pouvoir, tandis que la campagne n'a pas encore secoué la pression administrative. Mais le jour où ces deux forces se réuniraient dans une même action, tout ce système prétendu habile s'engloutirait dans une immense ruine. On a plusieurs fois déjà cité la correspondance de l'échevin Myron et du roi Henri IV. Il faut la citer encore, car elle est toujours opportune. On a soutenu au Sénat et dans le *Moniteur* que ces lettres étaient apocryphes ; d'autres en maintiennent l'authenticité. Je n'ai point à prendre parti dans cette contestation ; histoire ou apologue, je m'empare seulement ici d'utiles leçons résumées dans un très-piquant langage.

Du Parlouer des Bourgeois, le 20 d'août 1864.

« Cher syre, vous m'avez dit : « Compère, j'aulneray vostre « affection aux véritez que vous oserez me signaler. » Mon doux seigneur et bon maistre, mon affection de subject va être chose provée, car j'ay des reprosches à vous faire...

« Où donc avez-vous la teste, cher syre, que vous appelliez à son de trompe tant d'ouvriers étrangers à Paris ? Faictes de nos villes secondaires des citez commerçantes et artisannes, c'est bien pensé ; mais Paris, votre cappittalle, cité ouvrière et ruche d'artisans, c'est poser vostre couronne sur un tonnelet de poudre pour y mettre le feu vous-mesme.

17 octobre.

« Cher syre, permettez que je me retire. En jurant fidélité au roi, j'ai promis soubtenir la royauté. Or Votre Majesté me commande un acte pernicieux à la royauté... je refuse ! je le répète à mon cher maistre et souverain bien-aimé : c'est une malheureuse idée de bastir des quartiers à usage exclusif d'artisans et d'ouvriers. Dans une cappitalle où trosne le souverain, il ne faut pas que les petits soient d'un costé et et les gros et dodus de l'aultre : c'est beaucoup mieux et sûrement meslangé. Vos quartiers povres deviendraient des citadelles qui bloqueroient vos quartiers riches : or comme le Louvre est la partye belle, il pourrait se faire que les balles vinssent ricocher sur vostre couronne.... Je ne veux pas, syre, estre le complice de ceste mesure.

« François Myron,

« Prévost des Marchands. »

Henry IV répondait le même jour :

« Compère, vous êtes vif comme un hanneton, mais à fin de compte un brave et loyal subject.

« Soyez content, on fera vos vollontés, et le roy de France ira longtemps à vostre belle école de sagesse et de prud'homie. Je vous attends à souper et vous embrasse. »

Ce langage n'est pas seulement un langage monarchique ; naguère il se trouvait aussi dans la bouche des républicains éclairés, et j'ai entendu François Arago s'élever contre l'exagération des travaux de Paris exactement comme le faisait deux siècles auparavant François Myron. Mais aujourd'hui ce n'est pas seulement de Paris qu'il s'agit, c'est de toute la France ; ce n'est pas seulement un tonnelet de poudre qui nous menace, c'est un volcan. Les villes de province ont été entraînées bon gré mal gré aux mêmes excès ; partout le

-travail de luxe, c'est-à-dire le travail relativement impro-
ductif, devient l'objet des préférences et des impulsions gou-
vernementales. Notre cadeau de joyeux avènement à Cham-
béry a été une préfecture monumentale : les magnificences
administratives de Vannes ont occupé le Corps législatif
dans la dernière discussion du budget tout aussi bien que
les splendides folies de Marseille. Il y a donc là pour la première des industries française, l'agriculture, deux sources
inépuisables de plaintes : l'exagération des travaux publics
et la direction très-impolitique de la plupart de ces travaux.

Pour n'être pas accusé de me tenir dans la région des
déclamations banales, je citerai, comme échantillon, ce qui
se passe sous mes yeux et ce qui, sauf les variétés de forme,
se reproduit d'un bout du territoire à l'autre.

Segré est une petite ville de dix-sept cents âmes ; son
marché, purement agricole, est abondamment fourni en blé
et en bestiaux, mais les prix s'y maintiennent toujours plns
bas que dans les petites villes ses voisines, parce que Segré
n'a, pour correspondre par eau avec Angers ou Nantes,
qu'une navigation interrompue durant presque toute l'année.
La canalisation de sa rivière est l'ambition de tout le pays,
et cette canalisation s'obtiendrait aux prix de trois écluses.
En 1847, les trois écluses furent accordées par M. Dumont,
ministre des travaux publics ; mais les deux premières seulement ont été exécutées ; la troisième est vainement atten-
due depuis seize ans, et cette lacune rend les deux autres à
peu près inutiles. Segré avait alors une sous-préfecture mes-
quine, et les sous-préfets s'en plaignaient non sans motif. On
marchanda les deux plus jolies maisons de Segré, mais bientôt elles ne furent pas jugées à la hauteur des constructions
officielles telles qu'on les exige aujourd'hui. On pouvait avoir
une sous-préfecture toute bâtie et un jardin spacieux pour
trente-quatre mille francs ; on rompit ce marché à peu près
conclu, et l'on acheta de vastes terrains hors de la ville pour
y construire un charmant petit château : devis total, cent
vingt ou cent trente mille francs ! Pendant ce temps, il n'est

plus question ni d'écluse, ni de canalisation, ni de transport des blés et des bestiaux, source unique de la richesse du pays. Est-ce là l'emploi intelligent de la fortune publique ? Pour cent mille francs, avec la combinaison des fonds de l'État et des fonds départementaux, on aureit eu à la fois une sous-préfecture très-convenable et une canalisation parfaitement achevée, on aurait satisfait une convenance officielle très-légitime et pourvu à un besoin public très-impérieux : la convenance a été poussée jusqu'au luxe et l'intérêt public indéfiniment ajourné.

V

L'agriculture ne voit pas sa population mise en coupes réglées seulement par le ministre des travaux publics. Le ministre de la guerre, à l'envi de son collègue, lui fait aussi chaque année une large blessure. Non-seulement le chiffre du contingent demeure toujours très-élevé, mais le taux de l'exonération, fixé désormais par le gouvernement seul, place l'agriculteur entre le sacrifice de ses enfants à l'âge où ils lui sont le plus utiles, et le sacrifice de son épargne, au moment où elle pourrait améliorer sa terre, doubler ses instruments et donner quelque aisance à sa vieillesse. Aujourd'hui cette législation même ne suffit plus ; d'autres plans sont à l'étude. On prétend que l'exonération en argent sera abolie ; mais ce serait pour augmenter le nombre des années de service et faire que qui que ce soit et à aucun prix ne puisse y échapper. Singulière ironie des événements se jouant de nos espérances et de nos illusions ! Au dix-huitième siècle, de Voltaire à Rousseau, de Rousseau à l'abbé de Saint-Pierre, on ne parlait que de la barbarie des anciennes guerres, de l'imminence de la paix universelle sous l'égide de la philosophie et de la philanthropie. L'armée se recrutait par des engagés volontaires et par la noblesse qui, à cette condition, était exempte de l'impôt territorial. La milice était alors de 60,000 hommes et le service de six ans.

M. Necker, nous apprend Benjamin Constant, appelait

cela une effrayante loterie[1] ! Cependant la conscription
forcée et universelle a paru plus conforme aux idées mo-
dernes, et la conscription a été décrétée ; néanmoins le droit
de rachat demeurait à la disposition de tout le monde. Bientôt les peuples étrangers se voyant aux prises avec Napoléon
ont voulu nous emprunter du moins ce qui n'appartenait pas
exclusivement au génie du capitaine, et les lois de recrutement ont redoublé d'énergie dans toute l'Europe par rivalité
envers la France. La Prusse vaincue à Iéna dut à Tilsitt pro-
mettre de ne point élever son contingent au-dessus de qua-
rante-deux mille hommes. Frédéric-Guillaume éluda cette
dure clause par l'habile organisation de la landwehr. On ne
sait encore ce que Sadowa et Nikolsburg suggéreront à
l'Autriche ; mais, en attendant, le second empereur Napoléon, oubliant bien des griefs, a favorisé la Prusse ; il a
laissé nouer sous ses yeux, dans sa capitale, l'alliance autrefois redoutée des Italiens et des Allemands ; il a prêté la
main aux succès militaires et diplomatiques d'ambitieux
voisins ; et maintenant nous voici les vaincus d'une guerre
que nous n'avons pas faite, nous subissons le contre-coup
des revers sans avoir couru la chance des victoires, et nous
lisons partout que c'est à nous à reconquérir sur la Prusse
notre supériorité compromise en nous modelant sur ses institutions militaires. C'est ainsi que depuis quatre-vingts ans,
de faute en faute et de mécompte en mécompte, les armées
permanentes vont toujours en grossissant. C'est à notre tour
aujourd'hui d'apporter une nouvelle enchère. Où donc cela
s'arrêtera-t-il ? Les projets à l'ordre du jour sont discutés par
des maréchaux de France, des ministres et des conseillers
d'État ; rien n'est plus juste. Mais ne serait-il pas juste aussi
d'appeler des représentants de l'agriculture ? Aussi sensibles
que qui que ce soit à la gloire de la France et à la grandeur
de son rôle dans le monde, ils feraient entendre en même
temps une voix qu'on interpelle trop rarement. La charrue

De l'esprit de conquête et de l'usurpation, par Benjamin Constant. —
Paris, 1814.

comme le drapeau ne doit-elle pas avoir son recrutement assuré et ses soldats? Nourrir une nation c'est aussi travailler à sa vaillance et à son autorité. Épuiser l'agriculture, décimer les fils de l'agriculteur, c'est affaiblir la France au lieu de la fortifier, et si, en cette circonstance comme en quelques autres, on isole l'intérêt que l'on veut servir de l'ensemble des intérêts généraux, on marchera directement contre ce but.

Les partisans de la Prusse et des doctrines prussiennes en matière de service militaire reprennent, il est vrai, le langage du dix-huitième siècle sur la paix prochaine et universelle. Les promesses du siècle dernier ont été immédiatement suivies des guerres de la République et de l'Empire, c'est-à-dire de vingt ans d'une épouvantable boucherie. Je crains bien que les promesses qui ont cours depuis quelques mois ne soient aussi fallacieuses et aussi cruellement trompées. Comment, nous dit-on, les hommes pourraient-ils se battre encore lorsqu'ils auront reçu de Paris à Pétersbourg nos recettes et nos procédés gouvernementaux? Je prends la thèse comme on nous la donne et je réponds : Le langage très-récent de M. le marquis de La Valette n'est pas nouveau ; nous l'avons tous entendu en 1848 et en 1849 dans la bouche de M. Ledru-Rollin, de M. Pierre Leroux et de M. Considérant. Moi-même j'ai eu l'honneur de répondre à la tribune à ces honorables représentants des idées républicaines qui nous garantissaient la paix, quand l'Europe entière serait en république, et je me permettais la simple objection que voici : L'Europe a été tout entière féodale au moyen âge, et le sang coulait à flots ; l'Europe contemporaine de Louis XIV a été monarchique, et le règne de Louis XIV n'a certainement point été le règne de la paix en Europe. En 1849, ma réponse était chaleureusement applaudie par M. Drouin de Lhuys, par M. Rouher, par M. Baroche et par leurs amis. Je crois donc qu'elle était bonne et qu'elle subsiste avec un argument de plus : l'Amérique. Là, il ne s'agit point de peuples élevés dans le sentiment d'une hostilité réciproque ; il ne s'agit point des restes de la barbarie féodale, monarchique, ou cléricale. Là, nous sommes en plein protestantisme, en pleine démocratie, en pleine république, et le peuple s'est donné à lui-même le glorieux nom d'États-Unis. Là, nous venons de voir la guerre la plus acharnée, la plus meurtrière qui fut jamais dans aucun temps ; nous avons vu le nom de démocrate arboré comme un signe de guerre irréconciliable contre le nom de républicain, en attendant que quelque autre dénomination se lève à son tour contre le nom de démocrate ; Lincoln est assassiné comme un roi ou comme un ministre du pape, et Johnson est traité par ses frères et amis de la veille comme le plus impitoyable et le plus détesté des tyrans. Ce lamentable spectacle est-il un fait inexplicable, anormal, dont on ne devrait pas arguer et qu'on ne reverra jamais ? Hélas ! non ; ce fait n'est que trop explicable, trop naturel, et on le reverra souvent : c'est que les hommes s'arment et s'égorgent presque toujours pour des intérêts, très-rarement pour des idées. Prenez au hasard la première famille venue : deux parents ont les opinions politiques les plus opposées ; s'ils n'ont point à partager un héritage, ils vivront parfaitement en paix et ne songeront nullement à plaider l'un contre l'autre. Prenez au contraire deux parents d'opinions parfaitement semblables ; supposez que l'un des deux se croie lésé par l'autre dans une succession ou dans une entreprise commerciale, aussitôt les avocats seront appelés et l'on épuisera tous les degrés de juridiction avant de mettre bas les armes. Il en est de même des nations et je retrouve ici mes arguments de 1849 unanimement applaudis par la majorité. Supposez deux nations en dissidence politique et parfaite, en harmonie d'intérêts territoriaux et commerciaux, la paix ne sera jamais troublée. Supposez au contraire deux républiques ou deux monarchies se disputant un grand fleuve, un grand débouché commercial, une chaîne de montagne, ou convoitant en commun l'absorption d'un petit voisin ; aussitôt la bonne harmonie politique s'évanouit, l'hostilité éclate, le canon gronde, et le sang coule jusqu'à ce que le plus fort ait fait triompher son ambition aux dépens du plus faible. Les guerres de religion elles-mêmes ne s'allument que quand de graves intérêts sociaux entrent en conflit. Dieu me garde de conclure de là que l'espèce humaine est fatalement vouée à un égorgement sans trêve ni merci. Je crois au contraire à l'adoucissement des mœurs par le progrès d'une civilisation sérieuse, et j'aurais horreur d'un pessimisme qui découragerait de la poursuite d'un tel but. Mais ce progrès ne se réalisera point avec les utopies et les chimères d'un jour. On ne l'obtiendra qu'à deux conditions immuables contre lesquelles notre époque se débat vainement : des garanties dans la conscience privée, c'est-à-dire un dogme, une foi et des principes qui en découlent ; des garanties dans la constitution nationale, qui est la conscience publique d'un peuple, c'està-dire des libertés, des contrôles, des droits.

Que l'agriculture ne se hâte donc pas trop de croire aux garanties pacifiques qu'elle puiserait dans le système de l'unité politique et des grandes nationalités. Les grands empires exigent de grandes armées ; les grandes armées amènent les grandes dépopulations et probablement les grandes servitudes. « Nous dépeignons ce nouvel état de l'Europe, dit à l'instant même un publiciste aussi sagace que courageux, comme l'inauguration d'une sorte d'âge d'or ; c'est véritablement l'entrée d'un nouvel Éden, où il est cependant expressément convenu que chaque Européen doit devenir soldat et dormir désormais le fusil sous la main[1]. » L'unité politique est un mirage non moins trompeur, et je crains bien que M. de la Valette lui-même ne lui accorde qu'une foi très-passagère. Il avait à faire face à une situation trèsdifficile, et certaines phrases de sa circulaire rappellent l'anecdote du Gascon qu'on avait jeté par une fenêtre, et qui, en se relevant tout moulu, s'écriait d'un ton gaillard : « Aussi bien que je voulais descendre ! » Le tort d'un ministre, en pareil cas, c'est de vouloir parler. La rédaction de M. de la

____

[1] *Quelques pages d'histoire contemporaine*, par M. Prévost-Paradol. — Préface, p. 32.

Valette est d'un homme d'esprit; son silence eût été d'un homme d'État.

VI

L'accroissement de la population est ralentie en France depuis un certain nombre d'années. C'est là un malheur désormais incontesté; il provient surtout de la démoralisation. Ici encore je commence par faire une large part à la force des choses pour en exonérer tout gouvernement passé, présent ou futur. Si l'on compare l'état de nos mœurs avec les mœurs des temps reculés où les communications. étaient très-difficiles, où chacun vivait forcément dans un rayon restreint, sous l'œil de la famille, on comprend qu'il y eût alors une préservation forcée, préservation peut-être plus apparente que réelle, car les passions ayant leur premier foyer en nous-mêmes ont toujours exercé leur empire. Néanmoins, l'occasion et l'excitation devront toujours être comptées pour beaucoup dans la vie de chacun de nous. Il est évident que de nos jours, avec le perpétuel rapprochement de la campagne et de la ville, avec le développement des relations commerciales, avec la mise à portée de tous les plaisirs et le continuel appât des mauvais exemples, les mœurs deviennent de plus en plus difficiles à maintenir. Le gouvernement ne peut donc pas être responsable de tout dans cette tendance universelle. Ce qui lui incombe au premier chef, c'est de ne rien fomenter, de ne rien surexciter par sa propre action soit irréfléchie, soit égoïstement spéculatrice. C'est à ce dernier point de vue que je veux examiner l'influence de l'administration dans les campagnes.

Il y a d'abord sa direction générale qui tient à l'extrême susceptibilité de ses ombrages politiques, sa méfiance instinctive, systématiquement affichée, de l'usine, du presbytère, du château et de toute autorité matérielle ou morale que ce soit, quand elle ne lui présente pas tout d'abord l'idée d'une docilité sans réserve, sans réplique et à toute épreuve. On dit aux commerçants et aux propriétaires : Formez-nous de bons ouvriers, formez-nous de bonnes populations agricoles. Puis, le préfet dit au sous-préfet et le sous-préfet dit au maire : Ayez toujours l'œil et la main sur ces hommes indépendants, qui s'avisent de temps en temps d'avoir un autre avis que le nôtre ; tenez-les bien à l'écart du conseil municipal ; combattez-les partout où ils se présenteront et ne manquez jamais de faire sentir aux masses, que nous voyons dans ces hommes des ennemis ou des suspects. Cette habitude administrative a certainement de graves inconvénients, et pour le pouvoir qui s'aliène ainsi une portion considérable de l'estime publique et pour les forces sociales que l'on mine activement, à la veille du jour où l'on en aura peut-être le plus besoin. Cependant, à ce genre d'attaque, on peut encore résister en ne se rebutant pas et en pratiquant le bien, comme on obéit au devoir en dépit des difficultés. Mais il y a un mal plus direct encore, saisissant plus immédiatement la population de nos campagnes, et contre lequel le propriétaire ou l'industriel sont complétement désarmés, c'est la fabrication incessante et opiniâtre du cabaret et du cabaretier par voie d'autorité administrative.

Aux États-Unis, l'industrie du cabaretier est libre, mais les magistrats peuvent, dit M. de Tocqueville, faire afficher dans les cabarets le nom des ivrognes et empêcher, sous peine d'amende, les habitants de leur fournir du vin [1]. En France, on ne peut ouvrir un débit de boissons sans obtenir de l'administration une patente et sans la payer. Le 29 décembre 1851, sur la proposition de M. de Morny et à la suite d'un rapport très-sévère contre la licence et l'ivrognerie, l'administration a été armée de nouvelles sévérités, et le retrait de la patente, la fermeture du cabaret dépendent aujourd'hui du bon plaisir administratif. Le ministre des finances ne tarda pas à s'apercevoir qu'on pourrait battre monnaie en poussant à la multiplication des cabarets. En même temps, le ministre de l'intérieur s'apercevait que des hommes chez

---

[1] M. Tocqueville, tom. II, pag. 63.

qui l'on avait l'habitude de se réunir, de causer avec effusion, et qui tenaient leur privilége de l'autorité seule, pouvaient et devaient être d'excellents instruments de police en temps ordinaire, de puissants auxiliaires en temps d'élection. La double découverte une fois faite, quelle vertu il eût fallu pour ne pas agir en conséquence! et la vertu a succombé. Le cabaret est devenu dans nos campagnes, depuis une dizaine d'années, un rouage administratif de premier ordre. J'aime à placer immédiatement de telles assertions sous la protection de documents irréfutables, et je reproduis ici la circulaire de M. le sous-préfet de Falaise, adressée pour le dernier renouvellement du Corps législatif aux cabaretiers de son arrondissement :

Falaise, 23 mai 1863.

« Monsieur le débitant,

« Les fréquents rapports que vous avez nécessairement avec l'administration m'autorisent à penser que vous êtes tout disposé à appuyer dans les élections qui vont avoir lieu dimanche et lundi prochain, le candidat recommandé par le gouvernement de l'empereur.

« Je viens donc vous engager, comme votre conscience l'a certainement déjà fait, *à vous servir de votre position pour faire voter le plus grand nombre possible d'électeurs*, et pour assurer ainsi dans la limite de vos moyens un éclatant succès à la candidature de M. Bertrand, maire de Caen, officier de la Légion d'honneur et membre du conseil général.

« Recevez, Monsieur, l'assurance de mes sentiments distingués.

« Le sous-préfet de Falaise
« GOURBINE. »

A la dernière discussion de l'Adresse, M. Rouher a tracé un tableau fort éloquent de la corruption et de la pression électorale au sein de la bourgeoisie, du temps des électeurs censitaires. Ne pensait-il pas aussi aux innombrables abus qui doivent lui être perpétuellement signalés, à la pression et à la démoralisation pratiquées au sein des masses populaires depuis la promulgation du suffrage universel ? On n'est jamais si bon historien d'autrui que quand on est secrètement l'historien de soi-même. Assurément, ce serait un fort grand malheur en tout pays et en tout temps que l'abaissement calculé et systématique du niveau moral des classes moyennes; mais conçoit-on bien quels seraient, par un temps démocratique comme le nôtre, l'imprudence, le danger, la folie d'une démoralisation systématique des masses? Et voilà cependant où l'on marche avec une effrayante rapidité, quand l'intérêt fiscal et la passion politique se donnent la main pour tendre, commune par commune, un appât grossier mais irrésistible à la corruption de nos campagnes. Qu'on y prenne donc garde. De jour en jour le cabaret se multiplie et développe son influence en se riant de l'autorité qui le caresse et le ménage, parce qu'ils font échange de bons offices. Si l'on parvenait à savoir dans quelle proportion les débits de boisson de tout genre se sont multipliés depuis quinze ans, le chiffre effrayerait les gens les plus portés à l'indulgence.

Malheureusement cette statistique générale est très-difficile à obtenir. Chacun de nous ne peut guère constater que ce qui frappe son regard, et les renseignements officiels sont très-généralement et très-opiniâtrément refusés. Cette multiplication exorbitante du cabaret entraîne nécessairement bien d'autres excès que ceux du vin. Chaque institution de ce genre rivalise avec une concurrence qui le presse pour ainsi dire de porte en porte et ne s'interdit rien pour attirer le chaland. Le jeu et la débauche sont ses premiers auxiliaires. Quand le père et la mère, épouvantés du changement moral de leurs enfants, venaient porter plainte au maire contre son défaut de surveillance, celui-ci gardait le silence. Aujourd'hui il montrera une circulaire très-explicite et très-franche du ministre de l'intérieér qui veut voir surtout dans les rapports présentés contre les cabarets au nom de l'ordre public la jalousie des intérêts privés et qui se résume en ces mots : « C'est sur le terrain de la liberté de l'industrie et de la confiance qu'il faut se placer. » Combien il est à souhaiter que tous les ministres adressent une circulaire semblable à leurs subordonnés, déclarant qu'à partir de ce jour ils veulent, pour les associations politiques et religieuses, pour la décentralisation, pour la presse, se placer, comme pour les cabarets, sur le terrain de la liberté et de la confiance, Espérons-le ; espérons même que M. le Ministre de l'intérieur, aussi logique que sincère, supprimera bientôt autorisation et patente ; car la France se trouve avoir aujourd'hui les inconvénients de la liberté illimitée comme en Amérique, puisque le chiffre des cabarets dépasse toute mesure, sans avoir le correctif du système répressif si sévèrement appliqué par les Américains. Cet état de chose a frappé au même degré les hommes clairvoyants et indépendants, soit qu'ils parlassent au nom de la liberté, soit qu'ils parlassent au nom de la morale publique. M. Eugène Pelletan faisait entendre à cet égard de nobles plaintes au Corps législatif, l'hiver dernier, et, cet automne, le marquis de Juigné faisait adopter au conseil général de la Sarthe un vote pour l'abolition des patentes.

VII

Je viens de passer en revue, très-brièvement par rapport à l'importance et à l'étendue d'un tel sujet, les actes par lesquels on paralyse l'agriculture, les actes par lesquels on pourrait lui rendre l'essor. Mais ma tâche, quelque sommaire que je veuille la rendre, ne serait cependant pas remplie si je ne répondais quelques mots au langage généralement tenu depuis un an par des orateurs et par des écrivains du gouvernement. Les souffrances de l'agriculture, disent-ils, ne viennent que de l'abondance de ses récoltes. Faites autre chose que du blé, et tenez-nous quitte de vos doléances. Voyez l'année 1866 ! la récolte du blé a été très-inférieure à celle des années précédentes et voilà les prix qui se relèvent ; vous n'avez donc plus rien à dire.

On est étonné tout d'abord d'entendre aujourd'hui traiter

comme un fléau ce qui avait passé jusqu'à présent pour le but de nos efforts, pour le signe assuré de nos progrès, pour le gage le plus authentique de la prospérité nationale et de la bénédiction divine, c'est-à-dire l'abondance. L'abondance jusqu'ici avait été considérée comme la joie du riche et la récompense du pauvre, comme le point commun du bien-être de tous, l'instrument le plus assuré d'améliorations nouvelles. Faut-il croire désormais que tous les esprits et tous les cœurs s'étaient trompés à cet égard? Faut-il croire aussi que la cherté des prix provenant de la disette peut réparer les prétendus maux de l'abondance et en indemniser le cultivateur? Mais ce bizarre raisonnement est aussi faux en chiffres qu'en principes. Un fermier, par exemple, récolte mille boisseaux de blé. Il les a vendus depuis 1861 3 fr. en moyenne; il a donc touché 3,000 fr. par an : son blé lui coûtait un peu plus à produire, et il estime qu'il perdait environ 500 fr. par année. Aujourd'hui, il vend son boisseau de blé 5 fr., mais, s'il n'en a récolté que la moitié des années précédentes, 500 boisseaux à 5 fr. lui donneront 2,500 fr. au lieu de 3,000 fr. qu'il avait touchés précédemment, et, comme les frais de culture ont été les mêmes, son déficit ne sera plus de 500 fr., il sera de 1,000 fr. Voilà de quoi les écrivains officiels nous félicitent ! L'erreur est toute simple : ils prennent pour prix de vente le chiffre de la disette, et pour quantité de la chose vendue le chiffre de l'abondance; puis, addition faite, ils s'écrient en haussant les épaules : de quoi vous plaigniez-vous? Eh bien, nous nous plaignons de cet oubli perpétuel des lois les plus élémentaires du bon sens et du bon gouvernement. Ce que le cultivateur doit poursuivre, ce que le pouvoir doit souhaiter, c'est l'abondance comme état normal, l'abondance comme rémunération chèrement et glorieusement conquise par le travail, l'abondance comme garantie de la prospérité et de la sécurité du pays. C'est avec les années d'abondance que l'agriculture doit toucher un prix rémunérateur; sans cela elle souffre, elle languit, elle rétrograde. Un fléau est toujours un fléau; la disette est toujours et pour tous une grande détresse et un grand péril; elle serait un crime si elle pouvait être le vœu et l'œuvre de qui que ce fût.

Il nous est impossible d'admettre un autre conseil officieux et quelquefois officiel : Faites autre chose que du blé.

D'abord le blé est nécessaire même pour cette autre chose que l'on nous conseille, c'est-à-dire pour l'élevage des bestiaux et pour la culture des plantes industrielles. Le blé ce n'est pas seulement le blé, c'est aussi la paille; la paille, c'est généralement la litière du bétail; la litière du bétail, c'est le fumier indispensable pour les cultures industrielles, c'est-à-dire pour les plantes qui épuisent le plus la terre. On n'est pas plus libre de renverser les conditious d'un assolement que les règles de l'arithmétique. Si l'on diminuait notablement en France le blé et la paille, on diminuerait dans la même proportion le repos du bœuf et du cheval après le travail, le repos et la réparation de la terre après la moisson. Voilà notre réponse au point de vue agricole; mais que ne devrait-on pas répondre au point de vue politique? Comment! le gouvernement nous doit en retour de l'impôt et de toutes les charges sociales la sécurité sur l'alimentation publique, et la première chose qu'il voudrait compromettre, c'est le pain!

Un argument spécieux des libres échangistes est celui-ci : Peut-être les intérêts privés éprouveront-ils d'abord un malaise passager; mais qu'ils le supportent avec un courageux patriotisme, qu'ils se consolent en voyant le bon marché mettre les objets de première nécessité à la portée de tout le monde, et faire circuler partout une aisance jusqu'ici inconnue. Le vin, la viande, le pain, le fer, le drap vont devenir aussi faciles à se procurer qu'ils sont nécessaires. Un tel bienfait ne peut-il pas s'acheter aux prix de quelques sacrifices et d'un peu de patience? Je laisse les propriétaires de vignes, les métallurgistes, les fabricants de Rouen et de Lyon répondre chacun pour ce qui le concerne. Je me bornerai à constater que la baisse des prix qui nous avait été promise ne s'est pas réalisée. Je constaterai aussi en passant que la boucherie et la boulangerie ne font pas ou font très-peu participer l'ouvrier au bas prix du blé et de la viande, de telle sorte que dans la situation actuelle nous n'avons même pas la consolation de voir la gêne du campagnard diminuer la gêne du citadin : l'un perd sans que l'autre y gagne.

Si la pensée des libres échangistes a été de pousser sciemment la France à diminuer la culture du blé, j'ose affirmer que cette pensée est désastreuse. La France n'est point une puissance insulaire comme l'Angleterre. Le vrai sol de l'Angleterre, c'est sa flotte ; il est naturel qu'elle ne se préoccupe pas d'y faire pousser le blé. La France est une puissance continentale ; là est sa force, là aussi est son danger. Quand nous tirerons du dehors notre principal aliment, le pain, nous serons plus que jamais menacés de ces disettes dont on prétend nous affranchir. Si un pays produit lui-même la nourriture de ses habitants, il n'a plus à redouter que l'intempérie des saisons qui fait avorter ses récoltes. Si, au contraire, il va chercher son alimentation à l'étranger, il n'a plus seulement la nature à combattre, il se met volontairement à la merci de la première disette étrangère, de la première guerre maritime, à la merci d'un simple blocus.

VIII

Le remède n'est donc pas là. Il n'est pas non plus dans les emprunts gigantesques. Ces moyens-là sont ceux de l'empirisme, et ils ont plus de chances d'aboutir à l'ébranlement qu'à la restauration de la fortune publique.

Au jugement des hommes les plus experts en pareille matière, le remède serait un droit modéré et transitoire qui donnerait au gouvernement le temps d'étudier les économies les plus opportunes et de procéder à la diminution des charges les plus onéreuses. Le bas prix des céréales sera un bienfait quand il résultera d'une baisse équivalente dans les frais de production. C'est à cette condition seulement que l'intérêt de la ville sera satisfait en même temps que l'intérêt de la campagne; c'est ainsi que l'innovation perdra le caractère et le péril d'une aventure; c'est ainsi que l'ouvrier n'aura point à s'affliger de ce qui réjouira l'agriculteur, et que le gouvernement pourra s'applaudir d'avoir accompli sa véritable mission, c'est-à-dire d'avoir concilié les diverses classes et les divers intérêts par le développement d'une prospérité commune,

Le remède est encore dans une politique étrangère mieux conduite.

La France est un pays privilégié entre tous les autres et riche des dons naturels les plus enviables. Son intelligence a la clarté, l'activité, l'énergie; son sol a la variété et la fécondité; son climat, la douceur et la splendeur. De grands fleuves la traversent; des chaînes des montagnes la protègent. Elle touche au continent par de larges frontières et elle possède en mêmes temps d'admirables ports sur deux mers. Rien ne lui manque pour se suffire à elle-même. Tout l'invite à se lancer à son gré dans les plus vastes entreprises, sur l'Océan, sur la Méditerranée, et à nouer les plus utiles alliances avec les grands États européens. Mais en même temps, et par un inévitable retour des choses d'ici-bas, elle est vulnérable par tous les points où elle est puissante : une guerre maritime peut lui fermer les mers; une guerre continentale peut attirer l'Europe coalisée dans sa capitale. Elle doit donc être aussi prudente que hardie et aussi prévoyante en économie politique qu'en diplomatie; elle ne doit livrer à personne ni la clef de ses frontières, ni la clef de ses greniers.

Et ici, après l'accomplissement d'un devoir pénible, car il est toujours douloureux d'envisager les plaies de la patrie, qu'on me permette un seul coup d'œil sur l'ensemble de la situation qui nous est faite depuis un certain nombre d'années.

Au dedans, nous sommes loin du point de départ de l'Empire. Il s'était promis à lui-même et il nous avait promis la réconciliation des partis par l'apaisement des passions, par la paix, par l'évidence de la prospérité publique : les passions ne se sont point apaisées ; les partis sont plus injuriés, plus suspects et plus traqués que jamais ; de vives dissidences religieuses qui s'étaient calmées naguère dans le droit commun et la liberté, se sont ravivées et s'ajoutent aux dissidences politiques ; les libertés modestes contenues dans la constitution sont trop souvent mal comprises ou niées par l'administration ; le commerce ne se plaint pas moins que l'agriculture, et les ouvriers de nos grandes villes sont encore plus pressants dans leurs doléances que les agriculteurs de nos campagnes.

Au dehors, nous ne sommes plus les protecteurs de l'Orient : notre apparition de 1855 s'est évanouie comme un brillant météore ; l'empire ottoman a été admis dans le concert des grandes puissances européennes ; nous avons campé sur les plages ensanglantées de la Syrie, et nous n'y avons ramené ni la justice, ni l'indépendance ; la Grèce nous implore, et nous la renvoyons à la clémence du sultan ; les provinces danubiennes avaient un chef qui passait pour notre créature, il a été violemment expulsé et remplacé par un client de M. de Bismark. Nous ne sommes plus sans rivaux dans la Méditerranée : L'Italie est devenue par notre seule volonté une puissance unitaire et une puissance maritime ; Gênes et Livourne peuvent menacer demain Toulon et Marseille ; Venise, Naples, Messine et Palerme peuvent au premier mot d'ordre venir croiser devant Alger pour renforcer une escadre anglaise. Nous ne sommes plus que timidement les civilisateurs de l'Algérie, et nous appelons la nationalité arabe à l'aide de notre colonie restreinte et peut-être découragée. Nous nous détournons de la Pologne en deuil. Nous ne sommes plus les protecteurs de la Confédération germanique : nous avons laissé mutiler le Danemark, dernier soldat du premier Empire, et nous laissons absorber la Saxe, amie de la France de tous les temps. Nous ne sommes plus les alliés de l'Amérique qui avait gardé si fidèle mémoire de Louis XVI : nous avons blessé les États du Nord sans faire triompher les États du Sud, et nous voyons aujourd'hui les successeurs de Washington briguer à nos dépens l'alliance de la Russie. Nous ne sommes plus les fondateurs et les garants de la civilisation latine au Mexique. Nous ne sommes plus dans toute l'étendue de la chrétienté les promoteurs et les patrons de l'assistance affectueuse du malade et du pauvre : en détruisant le conseil général des conférences de Saint-Vincent de Paul nous avons brisé nous-mêmes entre nos mains la couronne de la charité. Nous ne sommes plus les héritiers de Charlemagne auprès du Saint-Siége, les fils aînés de l'Église, le bras armé de l'indépendance des souverains pontifes. Un attentat qui a pris sa place dans les *Cuuses célèbres* nous présente le cruel spectacle d'une victime froidement et lentement épiée par son meurtrier. Tout avait été préparé à petit bruit et à petits coups ; les serrures avaient été enlevées ; une fenêtre avait été ouverte pour donner le change sur le criminel ; les cordons de sonnette avaient été coupés, et, quand la justice vint constater l'état du cadavre, elle vit des traces de mains sanglantes sur les tentures et sur les boiseries où la victime s'était vainement épuisée à chercher un secours qu'on lui avait enlevé d'avance. Cette victime aujourd'hui, c'est Pie IX en face d'un odieux complot qui a occupé d'avance toutes les issues, pris ses mesures pour écarter les secours proportionnés au péril et étouffer tous les cris.

Enfin nous avons cessé d'être, en Europe, les initiateurs et les propagateurs de ce grand libéralisme chrétien qui avait éveillé de si nobles espérances. Si nous allions cesser d'être aussi une puissance agricole, si nous cessions d'être nous-mêmes les producteurs et les dispensateurs de notre existence matérielle, quelle responsabilité ne pèserait pas sur la nation qui n'aurait pas élevé la voix ou sur le gouvernement qui aurait refusé de l'entendre !

PARIS. — IMP. VICTOR GOUPY, RUE GARANCIÈRE, 5.